Inhalt

Einleitung 5
Depression verstehen lernen 8
Depression ist eine Krankheit 8
Die Symptome erkennen 10
   Müdigkeit- und Antriebslosigkeit 11
   Schwermut und eine innere Leere 11
   Mangel an Körperhygiene 13
   Schlafstörungen 13
   Appetitlosigkeit 13
   Angstzustände 14
   Gereizte Stimmung 15
   Geringes Selbstwertgefühl 15
   Schmerzen, bei denen kein körperlicher Grund vorzuliegen scheint 15
   Suchtverhalten 16
   Selbstmordgedanken- und -versuche 17
Sätze, mit denen niemandem geholfen ist .. 18
   Du hast es doch gut/besser als andere 18
   Das wird wieder 20
   Gönn dir einen Urlaub / mehr Schlaf / mehr Freizeit 20

Frische Luft und Schokolade machen glücklicher als Medikamente ... 21

Kannst du dich nicht wenigstens ein bisschen zusammenreißen? ... 22

Professionelle Hilfe für den Betroffenen suchen ... 24

Leugnung der Krankheit durch den Patienten ... 24

Selbstmordgedanken ... 25

Was Sie für sich selbst tun können ... 27

Sprechen Sie mit Menschen in ähnlichen Situationen darüber ... 27

Nehmen Sie sich Auszeiten ... 28

Nehmen Sie Hilfe in Anspruch ... 28

Informieren Sie Ihr Umfeld ... 29

Lernen Sie mit Rückschlägen umzugehen ... 30

Lesen Sie Bücher, die von Depressiven selbst verfasst wurden ... 30

Erkennen Sie Ihre Möglichkeiten und Grenzen ... 31

Der richtige Umgang mit Depressionen einer nahestehenden Person ... 32

Partnerschaft ... 32

Warum mache ich meinen Partner nicht glücklich? ... 33

Unterstützung ist wichtig ... 34

Körperliche Distanz ... 34

Vermeiden Sie Schuldzuweisungen ... 36

- Nehmen Sie ihm/ihr nicht alle Aufgaben ab 37
- Drängen Sie nicht auf emotionaler Basis 37
- Sollte ich unseren Kindern von der Depression erzählen? 38
- Achten Sie, wenn möglich, auf gesunde Ernährung 39
- Kann eine Depression zur Trennung führen? 40

Kinder 43
- Was habe ich als Elternteil falsch gemacht? 43
- Depressionen können bei Jugendlichen übersehen werden 44
- Selbstmordgedanken müssen ernstgenommen werden! 45
- Achten Sie stets auch auf sich selbst 46
- Erzwingen Sie nichts mit Strenge oder Bestechungen 46
- Hören Sie zu 47
- Halten Sie an einem geregelten Tagesplan fest 48
- Demonstrieren Sie Ihre Liebe 49

Kleinkinder 49

Schulkinder 50
- Informieren Sie die Schule 51
- Strenge und Diskussion bringen nichts 51

Familientherapien können sehr hilfreich sein 53

Andere Angehörige: Eltern & Freunde 54

Eltern	54
Freunde	55
Schlusswort	58
Haftungsausschluss	59
Impressum	60

Depression

Lebens-Ratgeber für Partner, Familien, Angehörige und Freunde

Autor – Sofia Diesroth

Einleitung

Eine Depression ist eine schwere psychische Erkrankung, die sowohl das Leben des Erkrankten als auch Angehörige und Freunde stark beeinflusst. Nicht nur der Patient selbst ist betroffen – sein Umfeld leidet mit. Vor allem unter der Hilflosigkeit. Die geliebte Person scheint plötzlich nicht mehr da zu sein. Das ist nicht mehr das fröhliche Kind, das Sie kannten. Ihr Partner wird Ihnen fremd. Ein Freund zieht sich komplett von Ihnen zurück. Obgleich der Mensch, der Ihnen so nahesteht, körperlich noch da ist, kommt es Ihnen so vor, als existiere er nicht mehr.

Depressive bringen Ihre Freunde und Familienmitglieder oftmals an den Rand der Verzweiflung. Worte und Taten bleiben scheinbar wirkungslos. Nicht selten kommen Wut oder auch Schuldgefühle in einem auf. Warum muss die Person so sein, obgleich man selbst alles in seiner Macht stehende tut, um zu helfen. Was geht in ihrem Kopf vor? Hat man selbst irgendwie dazu beigetragen, dass der geliebte Mensch jetzt so ist? Oder tut man nicht genug?

In dieser Position quälen einen viele Fragen. Dieser Ratgeber soll Ihnen dabei helfen, Antworten zu finden, zu erkennen, was Sie wirklich tun können oder eben auch nicht. Er soll Sie dabei unterstützen, mit der

Situation besser zurechtzukommen und zu erkennen, dass der Erkrankte nichts für sein Verhalten kann – und Sie auch nicht. Am Ende soll beiden geholfen sein - dem Patienten und Ihnen selbst.

Depression verstehen lernen

Depression ist eine Krankheit

Das allerwichtigste, was Angehörige verstehen müssen: Eine diagnostizierte Depression ist eine Krankheit. Das Verhalten und die Gefühlswelt, welche der Patient zeigt, die Folge der Krankheit.
Das allerwichtigste, was Angehörige verstehen müssen: Eine diagnostizierte Depression ist eine Krankheit. Das Verhalten und die Gefühlswelt, welche der Patient zeigt, ist die Folge der Krankheit.

Niemand würde einen Patienten mit gebrochenem Bein fragen: „Warum stehst du nicht einfach auf und läufst?" Wer an einer Lebensmittelvergiftung leidet, bekommt nicht zu hören: „Hör doch endlich mal auf dich zu übergeben." Und wenn sich ein Fieber nicht senken will, wird der der Kranke deswegen nicht mit Vorwürfen konfrontiert. Niemand erwartet, dass ein Patient in solchen Situationen irgendwelchen Einfluss auf sein Leiden hat und einfach beschließen kann, dass er wieder gesund wird.

Depressive haben genauso wenig Kontrolle über die Symptome und die Auswirkungen wie in den genannten Beispielen. Nur stößt ihre Krankheit häufig auf weniger Verständnis, selbst wenn die Depression von einem Arzt bestätigt wurde. Depressiv – sind wir das nicht alle hin und wieder mal? Aber sich deswegen so gehen lassen? Dafür gibt es doch gar keinen Grund?

Was nicht jedem klar ist: Depressive nehmen die Welt plötzlich völlig anders war und empfinden auf eine Art und Weise, die uns stabilen Menschen nicht erklärlich erscheint. Da die Angehörigen und engen Freunde wie bei jeder schweren Erkrankung mitleiden und auch ihr Alltag beeinflusst wird, finden sie sich schnell in Verzweiflung aber auch Wut wieder.

Manch einer glaubt, dem Depressiven mit Reden und Drängen nach positiven Aktivitäten heilen zu können. Andere lassen ihrem Ärger freien Lauf und halten dem Erkrankten vor, er würde sich nicht zusammenreißen, sich zu sehr gehen lassen, obwohl sein Leben doch eigentlich ganz in Ordnung, wenn nicht gar richtig gut ist.
Nichts davon ist eine Hilfe. Sie können eine Depression nicht eigenständig heilen, schon gar nicht durch Worte oder Logik. Der Patient will sie mit seinem Verhalten nicht ärgern – er ist ihm ausgeliefert. Was Sie tun können ist das, was bei anderen Krankheiten auch getan werden muss: Besorgen Sie dem Erkrankten professionelle Hilfe oder unterstützen Sie ihn dabei diese zu finden. Seien Sie geduldig. Seien Sie für die depressive Person da. Und vor allem: Suchen Sie sich selbst ebenfalls Unterstützung.

Die Symptome erkennen

Angehörige, die den Erkrankten sehr gut kennen, bemerken meist schnell die Symptome, die sich in Form von deutlichen Veränderungen präsentieren. Zugleich fühlen sich manche durch neue, negative Wesenszüge verletzt und ratlos. Nicht jeder kommt zu dem Schluss, dass eine Erkrankung dahinterstecken könnte.
Darüber hinaus durchläuft natürlich jeder mal ein Stimmungstief, entweder aus, für den Umkreis, offensichtlichen Gründen oder inneren Gedanken, die den Betroffenen niedergeschlagen stimmen.
Depressive Verstimmungen legen sich früher oder später von selbst wieder. Hobbys oder Veränderungen können helfen. Ein gebrochenes Herz kann durch eine andere Person wieder zum Erblühen gebracht werden. Trotz eines großen Verlustes findet man allmählich wieder zu einem funktionierenden Alltag zurück.

Bei einer handfesten Depression dagegen, ergibt sich keine Besserung durch Abwarten oder Ablenkung.
Eine Depression kann sich in folgenden Symptomen präsentieren:

Müdigkeit- und Antriebslosigkeit

Es braucht keinen anstrengenden Alltag, damit der Erkrankte sich erschöpft fühlt. Selbst für ganz simple Aufgaben scheint die Energie zu fehlen. Das kann die Arbeit wie die Freizeit betreffen. Auch ausreichender Schlaf schafft keine Abhilfe.

Dieses Verhalten ruft bei Angehörigen, die im selben Haushalt leben, oftmals starken Frust hervor. Wer nicht an die Möglichkeit einer psychischen Erkrankung denkt, fühlt sich durch dieses Verhalten verletzt und ärgert sich darüber, dass die Person sich plötzlich stark hängen lässt und einen bei Aufgaben nicht mehr unterstützt. Nicht jeder denkt an die Möglichkeit einer Erkrankung.

Schwermut und eine innere Leere

Depressive können das Interesse an Dingen verlieren, die ihnen bislang wichtig waren oder ihren Alltag markiert haben. Das kann die Arbeit betreffen, aber ebenso gut Freizeitaktivitäten, Hobbies, Unternehmungen mit Freunden sowie Intimität mit dem Partner. Rafft man sich trotzdem zu diesen Dingen auf, kann sich eine deutliche Konzentrationslosigkeit präsentieren. Die Person reagiert eher mechanisch und ist nicht mit dem Herzen dabei.

Der Patient empfindet Traurigkeit und Schwermut beim kleinsten Anlass – oder auch ganz ohne solchen. Für den Erkrankten ändert sich sein ganzes Wahrnehmungsbild auf eine Weise, die gesunde Personen nicht nachvollziehen können. Was anderen ganz normal oder sogar positiv erscheint, kann von Depressiven als Problem oder einfach negativ aufgenommen werden. Weder Veränderung noch Vorfälle sind notwendig, um die Erkrankten in eine niedergeschlagene Stimmung zu versetzen.

Ein Depressiver muss dem Namen zum Trotz nicht einmal ständig traurig sein – fast genauso häufig und schlimm empfindet er eine innere Leere. Keine Gefühle. Nichts von dem, was um ihn herum passiert, ob gut oder schlecht, löst Emotionen in ihm aus. Der Mensch empfindet die eigene Existenz nur noch als Vakuum. Das Leben scheint für ihn keinen Sinn mehr zu haben.

Auch diese Art von Verhalten stößt leider schnell auf Kränkung und Unverständnis – die Reaktionen und Denkweisen des Erkrankten erscheinen anderen undankbar und nicht nachvollziehbar.

Mangel an Körperhygiene

Die Depression lässt Menschen vieles vernachlässigen. Der eigene Körper ist davon nicht ausgeschlossen. Waschen, Zähneputzen, Haare kämmen, Kleidung wechseln – in schweren Phasen der Krankheit kosten die kleinsten Dinge, die zum täglichen Verhalten gehört haben, den Patienten unglaublich viel Anstrengung und er/sie stört sich an Schmutz und Gerüchen nicht.

Schlafstörungen

Obgleich man sich während einer Depression ständig müde und energielos fühlen kann, bekommt man nicht zwangsläufig mehr Schlaf ab. Probleme beim Einschlafen oder Durchschlafen sind ein gängiges Symptom. Es kann bei manchen allerdings auch ins Gegenteil umschlagen, sodass die Person den Tag verstärkt auf Schlaf ausrichtet und trotz vieler Stunden im Bett bei Tag wie bei Nacht danach nie erholter ist als vorher.

Appetitlosigkeit

Bei den meisten Patienten führt eine Depression dazu, dass sie am Essen ebenso die Freude verlieren wie an anderen Dingen und nur noch das Nötigste oder sogar weniger zu sich nehmen. Deshalb kann man im Zuge einer Depression oft einen rapiden Gewichtsverlust beobachten.

Möglich, aber seltener ist das Gegenteil, nämlich ein gesteigerter Appetit, der einem Heißhunger gleicht, der niemals richtig befriedigt wird. Eine schnelle Gewichtszunahme ist dann die Folge.

Angstzustände

Eine Depression kann bei den Erkrankten chronische Angstgefühle auslösen, die sogar zu Panikattacken führen. Für den Depressiven gibt es kaum einen Moment der Ruhe oder eine Zeit, in der er sich nicht um etwas sorgt oder das Schlimmste befürchtet, ganz gleich ob es ihn selbst oder Menschen betrifft, die ihm nahestehen. Solche Angststörungen gehen weit über ein Gefühl der Sorge hinaus, denn wir alle erleben natürlich mal Phasen, in denen wir sehr besorgt um etwas sind. Bei der Depression legt sich dieses Empfinden jedoch nicht einfach von selbst.

Wie sich Angstzustände zeigen, hängt von Person zu Person ab. Einige fürchten Verluste, andere entwickeln plötzlich Phobien.

Sie können der Zukunft nicht mehr sorglos entgegenblicken. Überall lauern negative Entwicklungen.

Gereizte Stimmung

Einige depressive Patienten demonstrieren schnelle Gereiztheit sowie Aggressivität, treten geradezu feindselig gegenüber anderen auf. Dahinter steckt häufig die Angst vor Kontrollverlust und Machtlosigkeit. Nicht jeder will sich die Möglichkeit einer psychischen Erkrankung eingestehen.

Geringes Selbstwertgefühl

Depressive Patienten leiden oftmals unter Versagensängsten. Das kann die Vergangenheit genauso wie die Zukunft und die Gegenwart betreffen. Man hat das Gefühl bisher nichts erreicht oder in vielem versagt zu haben und sieht auch in kommenden Ereignissen keine positiven Aspekte. Schulische Leistungen, der Beruf, das Privatleben, Intimität – der Mensch hat das Gefühl, er sei in nichts gut und würde die eigenen Erwartungen sowie die anderer immer wieder enttäuschen, selbst wenn man ihm das Gegenteil versichert. Die depressive Person zieht sich dann oftmals vor solchen Situationen komplett zurück.

Schmerzen, bei denen kein körperlicher Grund vorzuliegen scheint

Die Depression äußert sich nicht rein durch Verhalten oder Gefühle bzw. deren Mangel. Schmerzen sind eine mögliche Folgeerkrankung. Häufig empfinden die Patienten Rücken- oder Kopfschmerzen. Ein nachvollziehbarer Grund scheint nicht vorzuliegen. Doch auch mit Mitteln wie Schmerztabletten, frischer Luft, Massage etc. lässt sich das Problem nicht auf Dauer in den Griff kriegen.

Hin und wieder treten außerdem Kurzatmigkeit, Herzrasen oder Schwindelgefühle auf.
Einerseits führen körperliche Symptome schneller zum Arzt, andererseits kann viel Zeit vergehen, bis eine Depression als Grund dahinter erkannt wird.

Suchtverhalten

Um die Krankheit oder die Gedanken daran zu verdrängen, können Depressive ein ausgeprägtes Suchtverhalten entwickeln. Sie konsumieren exzessiv

Alkohol, Zigaretten oder Formen von Drogen. Diese Genussmittel können eine kurze Auszeit bieten, also werden sie über alle Maßen hinweg genutzt.

Selbstmordgedanken- und -versuche

Liegt ein Verdacht auf Suizid vor, so muss sofort gehandelt werden – mehr dazu im nächsten Kapitel. Es muss nicht erst zu einem Vorfall kommen oder eine konkrete Aussage seitens des Erkrankten vorliegen, dass er sich das Leben nehmen will. Spricht jemand davon, dass ihm das Leben nicht mehr lebenswert scheint oder er nicht mehr so weitermachen kann, dann ist dies bereit ein sehr ernst zu nehmendes Symptom.

Leider ist das Erkennen einer Depression und der Gang zum Arzt oder Therapeuten nur der erste Schritt. Der Weg zur Heilung ist ein Prozess, der Angehörigen sowie Freunden viel Geduld und Verständnis abverlangt.
Das kann, je nach dem, in welchem Verhältnis genau sie zu dem Erkrankten stehen, verschiedene Schwierigkeiten mit sich bringen.

Sätze, mit denen niemandem geholfen ist..

Einer psychischen Krankheit ist mit logischen und vernünftigen Argumenten genauso wenig beizukommen wie einer körperlichen.

Es gibt einige typische Sätze, mit denen Depressive oft konfrontiert werden und die in keiner Weise weiterhelfen. Das können Vorwürfe sein, aber auch gut gemeinte Aussagen, die leider eher das Empfinden des Patienten nur noch verstärken. Depressive möchten sich nicht so leer und unglücklich fühlen, doch sie können dies nun einmal nicht einfach abstellen. Darum befassen wir uns nun mit einigen typischen Aussagen, unter denen die Erkrankten oftmals zu leiden haben und die keinerlei Besserung mit sich bringen.

Du hast es doch gut/besser als andere

Es braucht keinen schlimmen Schicksalsschlag oder schwere Probleme, um an einer Depression zu erkranken. Solche Faktoren können die Krankheit begünstigen, doch ein Depressiver muss keine schlechten Lebensumstände haben. Dass die

Lebensumstände, von einem logischen Punkt aus gesehen, gut sind, hat keinen Einfluss auf die Depression. Für viele Menschen ist gerade das schwer nachzuvollziehen. Man denkt an Leute, denen es „wirklich schlecht" geht. Armut, Verluste, körperliche Gebrechen etc. und kann nicht verstehen, dass eine Person, die diese Dinge nicht durchleidet, das Leben plötzlich so schwernimmt. „Du hast doch x und y. Andere haben viel weniger oder gar nichts." „Im Vergleich zu xyz geht es dir doch richtig gut."

Es hat keinen Sinn Erkrankte darauf hinzuweisen, dass andere Leute mehr Grund dazu haben schwermütig zu sein. Ihnen diese Erkenntnis nahebringen zu wollen ändert nichts daran, wie die Krankheit sie empfinden lässt, ungeachtet der Umstände.

Auch hier spielen nicht selten gekränkte Gefühle von Angehörigen mit rein. Für einen Partner ist es hart sehen zu müssen, dass die eigene Anwesenheit, das gemeinsame Leben und gar die Kinder scheinbar kein Grund zum Glücklichsein sind. Eltern, die alles für ihre Kinder tun, fragen sich, wie es sein kann, dass Sohn oder Tochter depressiv sind. Egal, in welcher Position Sie sich als Angehöriger befinden, muss Ihnen klar sein: Die Gefühle des Erkrankten sind nichts, was Sie persönlich nehmen dürfen. Es hat nichts damit zu tun, dass Sie dem Depressiven kein schönes Leben bieten oder dass Sie plötzlich nicht mehr „genug" sind.

Das wird wieder

Einerseits ist es gut und sogar wichtig, dem Betroffenen beistehen zu wollen und ihm zu zeigen, dass er/sie Unterstützung hat. Plattitüden wie dieser Satz bringen allerdings wenig, denn von nichts kommt nichts. Eine Depression verschwindet nicht einfach wieder, der Patient findet nicht so ohne Weiters wieder zu einem ausgeglichenen Gemüt zurück.

Gönn dir einen Urlaub / mehr Schlaf / mehr Freizeit

Eine Auszeit oder mehr Ruhe sind gut gemeinte Empfehlungen, die bei dieser Erkrankung keinen Erfolg bringen. Angehörige sind unter Umständen überzeugt davon, dass Schwermut und Antriebslosigkeit zu viel Stress zugrunde liegt und dass eine Pause davon den Erkrankten helfen. Ein Tapetenwechsel oder der Strand ändern jedoch meistens nichts an der Krankheit – im schlimmsten Falle sorgt das für noch mehr Schwermut.

Jedenfalls ist es keine Lösung und wird die Depression nicht zum Verschwinden bringen. Mehr Schlaf und Zeit im Bett bewirken allenfalls eher das Gegenteil. Die Person lässt sich damit nur noch mehr gehen, kann nichts mit der freien Zeit anfangen und grübelt verstärkt.

Frische Luft und Schokolade machen glücklicher als Medikamente

Schokolade kann kurzfristig Glücksgefühle auslösen, auch bei Depressiven. Dabei handelt es sich aber um kaum mehr als einen Moment. Schokolade und andere Süßigkeiten können keine Depression heilen und bringen in großen Mengen zusätzlichen Schaden mit sich.
Medikamente sind nichts, was man bei einer Depression verteufeln sollte. Die Krankheit verändert Funktionen im menschlichen Gehirn. Die Botenstoffe, vor allem Serotonin und Noradrenalin, bekannt als Glückshormone, geraten ins Ungleichgewicht. Antidepressiva können diesem Ungleichgewicht entgegenwirken. Eine Depression ist eine Krankheit, bei der Medikamenteneinnahme unbedingt besprochen werden sollte, denn diese Veränderungen im Gehirn lassen sich auch nicht einfach durch lange Spaziergänge, Süßes oder andere Hausmittel in den Griff kriegen, die uns sonst aus einem generellen Stimmungstief reißen können.

Sowohl eine Therapie als auch Antidepressiva spielen bei der Heilung eine wichtige Rolle. Versuchen Sie dem Betroffenen da nicht reinzureden, nur weil Sie vielleicht gegen Tabletten voreingenommen sind.

Sprechen Sie in Ruhe mit dem Arzt darüber und lassen Sie sich erklären, wie das verschriebene Medikament wirkt und warum es als sinnvoll erachtet wird.

Kannst du dich nicht wenigstens ein bisschen zusammenreißen?

Selbst wenn man bislang verständnisvoll reagiert hat, führt eine Depression einfach irgendwann mal zu Situationen, in denen Angehörige der Geduldsfaden reißt. Kann es denn wirklich so schwer sein, dass der Partner oder der Nachwuchs wenigstens eine einfache Tätigkeit wie Zähneputzen hinkriegt? „Kannst du dich nicht wenigstens ein bisschen anstrengen!" Wenn es um ganz alltäglich Aufgaben geht, die gesunden Menschen problemlos von der Hand gehen, scheint die erkrankte Person daraus einen ziemlichen Akt zu machen oder kriegt es nicht auf die Reihe. Dass die Krankheit im Gehirn eines Menschen solche gravierenden Veränderungen hervorruft und selbst Kleinigkeiten nicht mehr klappen, will uns nicht in den Kopf gehen. Dennoch ist es aber leider so.

Der erkrankten Person bereitet diese Situation keineswegs Freude. Das hat auch nichts mit Faulheit zu tun oder sich gehen lassen, ohne selbst etwas zur

Genesung beitragen zu wollen.

Versuchen Sie solche Aussagen und Fragen also bitte so gut es geht zu vermeiden. Sie drücken damit aus, dass Sie kein Verständnis für die Krankheit haben, oder schlimmer noch, dass die Krankheit nicht akzeptabel ist. Depressive fühlen sich damit abgelehnt und mit ganz einfachen Vorschlägen nicht ernst genommen, was wiederum ihre Verzweiflung weiter anfacht. Wenn es so leicht wäre einfach dies oder jenes zu tun bzw. sein zu lassen „wie alle anderen auch", denken Sie nicht, er/sie es würde es tun? Schließlich will sich niemand ständig traurig oder antriebslos fühlen.

Es gibt aber auch Sätze, die Sie sehr gerne verwenden können:
„Ich lasse dich nicht allein. Ich werde dich nicht ständig danach fragen, wie du dich gerade fühlst oder dich immer wieder zu Aktivitäten drängen. Aber wenn du es tun oder reden willst, dann bin ich für dich da".
„Ich bin froh, dich zum Partner/Freund/Kind etc. zu haben. Auch wenn es dir gerade nicht gutgeht. Ich würde mit niemandem tauschen wollen".
„Auch wenn ich nicht alles verstehen kann, stehen wir das gemeinsam durch".

Professionelle Hilfe für den Betroffenen suchen

Gravierende Krankheiten benötigen professionelle Behandlung. Die Depression bildet hier keine Ausnahme. So sehr Sie sich für den Betroffenen auch einsetzen, Sie können keinen Arzt ersetzen. Ebenso wenig sollte man sich an Hausmitteln versuchen. Die Krankheit wird sich nicht eines Tages in Luft auslösen und kann schlimme Folgen haben.

Leugnung der Krankheit durch den Patienten

Depressive Patienten sehen sich meistens nicht als krank an. Sie geben sich selbst die Schuld an ihren negativen Empfindungen und können sich nicht vorstellen, dass ein Arzt ihnen irgendwie weiterhelfen könnte. Deshalb passiert es eher selten, dass sie von sich aus professionelle Hilfe aufsuchen.

Greifen Sie ein, indem Sie einen Termin für einen solchen Angehörigen bei einem Arzt machen. Sprechen Sie behutsam mit der betroffenen Person darüber. Es kann sein, dass er/sie sich dagegen auflehnt. Nicht jedem fällt es leicht, sich eine solche Krankheit einzugestehen. Natürlich können Sie den Betroffen nicht zwingen oder gar einfach für eine Untersuchung einweisen lassen. Bleiben Sie aber beharrlich, wenn es um einen Besuch beim Arzt für die Diagnose geht. Ziehen Sie, wenn nötig, andere Vertrauenspersonen hinzu.

Die Frage, ab wann Sie auf jeden Fall eingreifen sollten, lässt sich nicht so einfach beantworten. Äußert der Betroffene Suizidgedanken, verletzt er sich oder greift zu Alkohol/Drogenkonsum, so ist Handeln unabdingbar. Wenden Sie sich an einen Arzt oder Psychotherapeuten und berichten sie ihm vom Verhalten des Depressiven.

Selbstmordgedanken

Äußert ein Freund oder Familienmitglied Suizidgedanken, darf dies niemals auf die leichte Schulter genommen werden.

Was Sie tun können: Sprechen Sie die betroffene Person auf jeden Fall auf die Selbstmordäußerung an. Viele Menschen sind da gehemmt und fürchten, wenn das Thema offen angesprochen wird, dass dies den Patienten erst recht zu einer solchen Handlung provozieren könnte.
Doch diese Gefahr besteht nicht - im Gegenteil, es ist äußerst wichtig für Betroffene, darüber reden zu können. Sie müssen sehen, dass ihre Situation ernstgenommen wird und es kann bereits hilfreich sein, sich diese negativen Gedanken von der Seele zu

reden und etwas Druck abzulassen. Schweigen Sie die Angelegenheit also nicht tot. Je nachdem, in welchem Verhältnis Sie zum Patienten stehen, sollten Sie den Partner, die engste Familie etc. darüber informieren.

Sprechen Sie mit dem Betroffenen über seine Äußerungen und raten Sie ihm zugleich, sich auf jeden Fall Hilfe zu suchen. Bieten Sie an professionelle Unterstützung zu organisieren, wenn sich die Person nicht dazu in der Lage sieht. Möglicherweise kommt Ihnen auch folgender Gedanke in den Sinn: Habe ich das Recht einen Menschen sein Leben nicht beenden zu lassen, wenn er nicht mehr leben möchte?

Einerseits verspüren Depressive den Wunsch nach einem Ende ihres Leidens. Bedenken Sie aber, dass dieses Bedürfnis nicht wirklich auf einer freiwilligen Entscheidung gründet. Der Betroffene sieht keinen Ausweg und keine Heilungschance, obgleich diese aber, objektiv betrachtet, existieren und erreicht werden können.

Durch die eingeschränkte Gefühlswelt und Wahrnehmung wird auch die Entscheidungsfreiheit des Depressiven eingeschränkt.

Was Sie für sich selbst tun können

Auch wenn Sie selbst nicht krank sind, kann die Depression eines Menschen, der Ihnen nahe steht an den Kräften zerren. Sie müssen schließlich ebenfalls unter diversen Folgen der Krankheit leiden. Darum ist es wichtig, dass Sie sich selbst nicht vernachlässigen, sondern ebenfalls etwas für sich tun und sich selbst Hilfe beschaffen.

Sprechen Sie mit Menschen in ähnlichen Situationen darüber

Es hilft sehr, sich auszusprechen, vor allem dann, wenn man davon ausgehen kann, dass der Gesprächspartner weiß, worunter Sie zu leiden haben. Natürlich ist es bereits hilfreich mit Freunden und der Familie zu sprechen, doch eine Konversation mit Menschen, die Ähnliches oder Dasselbe mitgemacht haben, hilft noch mehr. Hierbei können Sie sich auch bezüglich Ratschläge und Aufmunterungen für die eigene Person austauschen. Gerade online werden Sie auf diverse Foren treffen, die zu Ihrer Situation passen.

Es existieren außerdem Selbsthilfegruppen, mit denen Sie sich auch persönlich treffen können.

Nehmen Sie sich Auszeiten

Jeder braucht mal eine Pause. Fühlen Sie sich nicht schlecht, weil der Depressive diese von der Krankheit nicht nehmen kann. Um weiterhin für die Person da sein und mit den geänderten Lebensumständen umgehen zu können, brauchen Sie Kraft.
Sich mal ein paar Tage Auszeit zu nehmen hat nichts mit Egoismus zu tun. Wenn Sie fortan auf Dinge verzichten, die Ihnen Spaß und Freude bereiten, wird der Erkrankte davon auch nicht gesünder.

Nehmen Sie Hilfe in Anspruch

Manchen mag die Vorstellung sich selbst in therapeutische Fürsorge zu begeben absurd erscheinen. Schließlich ist es der depressive Angehörige, der wirklich Hilfe braucht. Aber auch Sie können diese vielleicht gebrauchen. Versuchen Sie nicht stoisch zu sein, wenn Sie das Gefühl haben, es geht gerade nicht mehr. Dass sich Menschen, die kranke Familienmitglieder haben, egal ob geistig oder körperlich, in Therapie begeben, ist nichts Außergewöhnliches.

Sie müssen nicht unter einer diagnostizierten Krankheit leiden, damit so etwas Sinn ergibt.

Informieren Sie Ihr Umfeld

Depressiven Patienten kann es unangenehm sein, dass andere von ihrer Krankheit wissen – schließlich dauert es gerade deshalb manchmal lange, bis sie sich die Erkrankung selbst eingestehen oder Hilfe aufsuchen. Aber auch für Angehörige ist es manchmal schwer mit anderen darüber zu reden. Sei es, weil man es für zu persönlich hält oder Angst hat, dass es ein schlechtes Licht auf einen selbst wirft.
Gibt es aber Menschen, die direkt mit dem Patienten zu tun haben oder die auf irgendeine Weise von Ihren geänderten Umständen beeinflusst werden können, sollten Sie durchaus darüber sprechen können. Zum Beispiel der beste Freund Ihres Kindes und möglicherweise auch die Eltern dieses Freundes. Erklären Sie, warum Ihr Kind nicht mehr so häufig zum Spielen kommt oder warum es sich anders verhält, damit sein Verhalten auch verstanden wird.

Lernen Sie mit Rückschlägen umzugehen

Rückschläge gehören auf dem Weg zur Heilung dazu. Wenn bereits einige Fortschritte erreicht wurden und die Depression sich dann doch wieder wie zuvor zeigt, ist das oftmals sehr schmerzlich. Stellen Sie sich darauf ein, dass die Heilung Geduld abverlangt und das jeder Schritt der Besserung ein freudiges Ereignis ist, aber deswegen nicht unbedingt alles bald wieder normal wird. Dies müssen Sie sich von Anfang bewusst machen, um nicht zu sehr enttäuscht zu werden.

Lesen Sie Bücher, die von Depressiven selbst verfasst wurden

Wirklich selbst empfinden können Sie das, was ein Depressiver durchleiden muss – zum Glück – nicht. Da aber gerade dies zu viel Unverständnis führt, ist es hilfreich, wenn Sie sich auch außerhalb von Ratgebern informieren. Die schriftlichen Werke depressiver Menschen können Ihnen auf gewisse Weise einen Einblick in die schmerzliche Gefühlswelt geben, welche diese Krankheit mit sich bringt. Sie sehen dabei, wie sehr die Patienten unter der Depression leiden und wie hilflos sie ihr ausgeliefert sind. Auch wenn Sie nicht alles in einem solchen Buch nachvollziehen können, ebnet es doch den Weg zu besserem Verständnis.

Erkennen Sie Ihre Möglichkeiten und Grenzen

Sie können den Weg der Heilung mit der erkrankten Person zusammen beschreiten. Sie unterstützen so gut es geht. Aber: Sie können den Kranken weder allein gesund machen, noch liegt dies in Ihrer Verantwortung. Ganz gleich, wer der betroffene Patient ist. Gerade Partner und Eltern meinen oft, dass es in ihrer Macht liegt oder ihre Pflicht ist. Doch auch als enge Bezugsperson können Sie allein das Problem nicht lösen. Gibt es Rückschläge, so bedeutet das nicht, dass Sie versagen.

Der richtige Umgang mit Depressionen einer nahestehenden Person

Nicht nur die Symptome und Verhaltensweisen können von Patient zu Patient unterschiedlich ausfallen. Auf welche spezifischen Hürden Sie als Angehöriger treffen können, was Sie tun oder lassen sollten, hängt davon ab, in welchem Verhältnis Sie zu dem Betroffenen stehen. Zwar wird Ihr Leben ebenfalls von der Krankheit beeinflusst, doch das kann auf sehr verschiedene Arten passieren. Darum sehen wir uns nun im Detail an, wie es ist, wenn der Partner an unserer Seite an dieser Krankheit leidet, wie sich unser Leben verändert, wenn Kinder in ganz jungem Alter oder als Teenager erkranken oder wie wir enge Freunde unterstützen können.

Partnerschaft

Eine Beziehung mit einem depressiven Partner gehört zu den schwierigsten Situationen. Eine Partnerschaft ist ein enger jedoch nicht unauflösbarer Bund. Um es brutal auszudrücken, eine solche Beziehung kann anders, als eine zwischen Eltern und Kindern, beendet werden. Einerseits möchte man für die geliebte Person da sein und ihr helfen, andererseits gehen mit einer Partnerschaft auch Erwartungen einher, die vielleicht nicht mehr erfüllt werden können, wenn einer der Partner an Depressionen leidet.

Darum beschäftigen wir uns nun mit den Problemen, die eine Depression speziell in einer Beziehung mit sich bringen kann. Warum verhält sich der Partner so oder so und warum dürfen Sie dies nicht persönlich nehmen oder sich gar schuldig fühlen? Was können Sie tun, um ihm/ihr zu zeigen, dass Sie für ihn/sie da sind, auch wenn er/sie selbst gerade wenig mit Intimität anfangen kann?

Warum mache ich meinen Partner nicht glücklich?

Dies ist die schmerzliche Frage, die sich Betroffene stellen können, wenn der Partner an Depressionen leidet. Sie selbst hat die Liebe zu dieser Person und das Leben mit ihr immer glücklich gemacht. Es tut weh sehen zu müssen, dass es dem geliebten Menschen nicht so zu gehen scheint. Ihm/ihr scheint es nicht so viel zu bedeuten, reagiert er doch trotz Ihrer Fürsorge und Nähe mit negativen oder gar keinen Gefühlen.

Natürlich haben Sie in einer funktionierenden und liebevollen Partnerschaft genauso wenig Schuld an der Depression wie Angehörige in anderen Situationen, doch gerade in Beziehungen trifft diese Krankheit beide Seiten hart.

Laut Statistiken fühlen viele Partner sich mitverantwortlich. Wie kann es sonst sein, dass dem Menschen an ihrer Seite das Leben nicht mehr lebenswert erscheint? Warum können Ihre Liebe und Zukunftspläne nicht als Anker dienen, ihn glücklich machen und in positive Stimmung versetzen?
Weil die Krankheit diese negativen Empfindungen in Ihrem Partner auslöst.

Jeder kann an Depressionen erkranken – ohne, dass die Patienten selbst oder die nächsten Angehörigen in irgendeiner Form dazu beigetragen hätten. Nicht nur das Wesen Ihres Partners hat sich verändert, sondern seine Art zu fühlen und seine Umwelt wahrzunehmen. Für gesunde Menschen ist dies schwer zu begreifen.

Unterstützung ist wichtig

Auch wenn es nicht immer so scheint, als würde es dem anderen etwas bedeuten. Aber genau **das** macht gerade eine Partnerschaft so schwierig, wenn jemand von Depressionen betroffen ist. Sehen wir keinen Erfolg, wird unsere Liebe nicht so reflektiert wie wir es gewohnt sind, löst das Zweifel in uns aus. Diesen Punkt müssen wir versuchen zu überkommen.

Körperliche Distanz

Den Partner in schweren Zeiten unterstützen zu wollen ist etwas natürliches und fast jeder ist bereit sich für einen geliebten Menschen darauf einzulassen. In den meisten Fällen stellen wir uns das aber so vor, dass der Mann/die Frau an unserer Seite diese Unterstützung dankbar willkommen heißt, sozusagen Hand in Hand mit uns die dunklen Tage durchstehen möchte. Es kann sein, dass der Patient mit Intimität derzeit nicht zurechtkommt. Die Krankheit wirkt sich nicht selten auch auf die Libido aus. Aber auch Küsse und andere Zärtlichkeiten können betroffen sein. Das ist eine schmerzliche Erfahrung. Man will dem Kranken seine Liebe demonstrieren, wird aber abgelehnt. Zugleich braucht man selbst auch die körperliche Nähe, um die Liebe des anderen zu spüren. Wenn dies ausbleibt, beginnen wir an der Beziehung zu zweifeln.

Sie müssen sich bewusst machen, dass die Ablehnung nicht gegen Sie persönlich gerichtet ist. Oftmals empfinden die Patienten sogar direkte Scham, Zweifeln an ihrem Selbstbild und Ihrem Körper, empfinden vielleicht gar Ekel vor sich selbst. Sie fühlen sich unterlegen und haben kein Selbstvertrauen was Intimität angeht, sodass sie diese schließlich ablehnen.

Bedrängen Sie Ihren Partner nicht, auch wenn Sie ihm/ihr unbedingt vor Augen führen wollen, dass Sie sich von ihm/ihr angezogen fühlen. Das erschwert es dem Erkrankten meistens nur noch, da es ihm/ihr das Gefühl gibt, zu versagen.
Was Sie auf jeden Fall tun sollten, ist reden. Wenn die

veränderte Situation totgeschwiegen wird, stauen sich die Gefühle, es kommt zu Missverständnissen und unnötigen Kränkungen. Reden Sie mit ihm/ihr darüber, dass Sie die Intimität zwar vermissen, sein/ihre veränderten Bedürfnisse aber respektieren.

In eher seltenen Fällen kann es auch so kommen, dass depressive Personen einen deutlich verstärkten Drang nach Sex entwickeln, da die körperliche Empfindung ihnen eine kurze Auszeit von der Depression bietet. Das ist vielleicht leichter zu ertragen, aber letztendlich auch keine gute Situation, da Sex hier wie ein Rausch konsumiert wird und wenig mit Liebe und Zweisamkeit zu tun hat.

Vermeiden Sie Schuldzuweisungen

Es wird Momente geben, in den Sie einfach die Wut und Trauer packt und Sie Ihre Emotionen nicht kontrollieren könne, so sehr Sie das auch möchten. Das ist in Ordnung. Manchmal muss es einfach raus und auch wenn Sie Ihren kranken Partner nicht zusätzlich belasten wollen, müssen Sie ebenfalls mal weinen oder Zorn zeigen. Dabei sollten Sie es aber vermeiden, Ihren Partner mit Schuldzuweisungen zu konfrontieren, denn dies kann sich tatsächlich negativ auswirken und sein depressives Verhalten nur noch verstärken.
Sätze wie „Es ist deine Schuld, dass ich so fertig bin" oder „Nur wegen dir ist gerade alles so schlimm für

mich" verstärken das geringe Selbstwertgefühl von Depressiven und bestätigen sie in ihrer Überzeugung, dass sie ihrer Umgebung nichts als Probleme bereiten.

Nehmen Sie ihm/ihr nicht alle Aufgaben ab

Eine gewisse Alltagsroutine ist wichtig auf dem Weg der Heilung. So ganz ohne Aufgaben fehlt es im Leben eines Depressiven an Struktur. Wollen Sie ihn/sie nicht mit Dingen wie dem Haushalt belasten, so ist das zwar gut gemeint, aber wenn es für den Partner gar nichts mehr zu tun gibt, sinkt sein Antrieb nur weiter.
Versuchen Sie also eine feste Routine beizubehalten. Zwingen Sie ihm/ihr nichts auf, aber sorgen Sie für tägliche Aufgaben.

Drängen Sie nicht auf emotionaler Basis

Es kann sehr schwer und frustrierend sein, wenn der Partner sich zu nichts mehr aufraffen kann, was früher Ihnen beiden Freude bereitet hat. Ihre eigenen Bedürfnisse können dabei auf der Strecke bleiben.
Kein Kino- oder Restaurantbesuch mehr, kein Cocktailabend, kein gemeinsamer Spaziergang.
Sie können solche Dinge weiterhin vorschlagen, doch wenn der Partner Sie ablehnt, sollten Sie ihn/sie nicht dazu drängen, bis er nachgibt. Damit ist nichts

gewonnen und keiner von Ihnen wird eine schöne Zeit erleben.

Versuchen Sie ihn/sie auch nicht emotional zu „erpressen".
Sätze wie „Bitte tut es doch für mich", „Ich bin so alleine ohne dich" oder „Ich kann gar nichts mehr machen, weil du nicht mitmachst" haben keinen positiven Effekt.

Sollte ich unseren Kindern von der Depression erzählen?

Sollten Sie und Ihr Partner Kinder haben, so wird diesen das veränderte Verhalten des erkrankten Elternteils kaum entgehen. Schließlich können Depressive nicht nur dem normalen Beziehungsverhalten nicht mehr nachkommen, sondern auch dem des Elterndaseins.
Versuchen Sie also nicht die Krankheit vor Ihrem Nachwuchs geheim zu halten, sonst können diese durch das neue Auftreten des Vaters oder der Mutter stark verunsichert und verängstigt werden.

Erklären Sie den Kindern, dass Vater/Mutter krank ist und sich deswegen anders verhält. Klären Sie sie darüber auf, inwiefern die Bezugsperson derzeit sich nicht wie gehabt um sie kümmern kann. Versichern Sie den Kindern zugleich, dass die Stimmung Ihres Partners nichts mit ihnen zu tun hat. Der Nachwuchs

soll genau wie Sie keine Schuldgefühle entwickeln müssen.
Machen Sie ihnen klar, dass sie nun nachsichtig sein müssen und sich nicht zurückgestoßen fühlen dürfen. Versuchen Sie die veränderte Situation in altersgerechten Worten zu beschreiben.

Achten Sie, wenn möglich, auf gesunde Ernährung

Schokolade und fettiges Essen machen glücklich, heißt es. Wie zuvor schon angesprochen können Zucker und Fett durchaus kurz die Stimmung heben, doch auf lange Sicht sorgen Süßigkeiten und Fast Food eher dafür, dass die Laune beträchtlich sinkt. Das ist auch bei Nicht-Depressiven zu beobachten Geht es dem Partner schlecht und das Verzehren solcher Genüsse schenkt ihm/ihr eine Auszeit von der depressiven Stimmung, so sind Sie vermutlich geneigt, ihm/ihr diese kleine Freude so oft wie möglich zu gönnen. Auf Dauer schadet dies aber sowohl der geistigen als auch körperlichen Gesundheit.
Versuchen Sie also darauf zu achten, dass Ihr Partner sich hier nicht zu sehr gehen lässt und sich weitgehend gesund ernährt.

Kann eine Depression zur Trennung führen?

Wer einen Menschen liebt, geht mit ihm durch dick und dünn. In guten wie in schlechten Tagen heißt es – allerdings können die schlechten Tage schlimmer und vor allem länger ausfallen, als man es sich je hätte vorstellen können. Es gibt Schicksalsschläge, die einen Partner an seine Grenzen treiben können und eine Depression zählt dazu. Selbst wenn man über die Krankheit im Bilde ist, kann die Erfahrung schmerzhaft sein und dazu führen, dass man es nicht mehr aushält. Es kann passieren, dass der Erkrankte trotz professioneller Unterstützung schlichtweg derzeit nicht fähig ist, eine Beziehung zu führen. Das kann dazu führen, dass der Partner sich nicht dazu in der Lage sieht, trotzdem bei ihm/ihr zu bleiben. Zugleich schrecken viele aber sofort vor dem Gedanken zurück. „Ihm/ihr geht so schlecht. Wenn ich gehe, wird alles nur noch schlimmer. Das kann man doch niemandem antun, eine Trennung, wenn der Partner leidet."
Oftmals spielt auch die Angst mit, dass der Betroffene, falls er/sie zuvor Selbstmordabsichten geäußert hat, sich dann tatsächlich das Leben nehmen wird.

Unglücklicherweise ist eine solche Angst nicht unbegründet. Zugleich sind Schuldgefühle aber keine Basis für eine funktionierende Beziehung und können beiden Seiten den Alltag noch zusätzlich schwerer machen. Können Sie die Situation nicht länger ertragen und wollen sich vorläufig oder endgültig trennen, sollten Sie mit den Angehörigen und Vertrauten der depressiven Person sprechen, damit diese ihn/sie im Anschluss unterstützen können.

Genauso gut kann es aber auch passieren, dass Ihr depressiver Partner die Beziehung beendet – manchmal völlig aus dem Nichts heraus. Erfolgt die Trennung nachdem Sie schon länger zusammen mit seiner/ihrer Depression zu kämpfen hatten, kann dies sehr bittere Gefühle hervorrufen. Sie haben ihn/sie in dieser schweren Zeit unterstützt und zum „Dank" kommt es nicht zu einem guten Ausgang, sondern Sie werden allein gelassen. Möglicherweise reagiert Ihr Partner auch auf diese Wende so emotionslos wie auf andere Dinge, was Ihre Enttäuschung und Kränkung verstärkt.

Zugleich bleibt bei einem Beziehungsende aufgrund von Depressionen bei Partner oft die Hoffnung, dass es keine endgültige Entscheidung ist, dass der Partner seine Gefühle für einen später wiederentdeckt oder geheilt wird und die Beziehung weiterführen möchte. So etwas kann vorkommen, aber es gibt keine Garantie.

Es kann sein, dass seine/ihre Gefühle für Sie nur durch die Krankheit blockiert werden und später wieder zum Vorschein kommen können. Pauschal kann man aber nichts beurteilen, da jede Beziehung unterschiedlich ist. Selbst wenn es sehr schmerzlich ist, müssen Sie erkennen, dass Ihr Partner momentan einfach nicht in der Lage ist eine funktionierende Beziehung zu führen und es keinen Sinn hat, diese weiterzuverfolgen.

Möglicherweise weint er bei der Trennung. Möglicherweise sagt sie verletzende Dinge oder scheint kalt. Letztendlich können Sie nur eines wirklich tun: Die Entscheidung akzeptieren. Geben Sie ihm/ihr Zeit und Raum, bedrängen Sie ihn nicht. Es ist möglich, dass Sie wieder zueinander finden. Manche Erkrankte berichten gar davon, dass es Ihnen geholfen hat, dass Ihr Partner trotzdem weiterhin um Sie gekämpft und seine Liebe demonstriert hat. Das bedeutet aber nicht, dass Sie ihn mit Nachrichten, Anrufen oder Gesprächen bedrängen sollten. Wenn Sie weiterhin eine Zukunft für Ihre Beziehung sehen, geben Sie ihm stattdessen zu verstehen: Ich bin weiterhin da für dich. Du bist willkommen und ich helfe dir so gut ich kann.

Kinder

Die Krankheit Depression kennt kein Alter. Zwar tritt sie in sehr jungen Jahren deutlich seltener auf, doch ein Vorschulkind ist genauso wenig davor gefeit, wie ein Teenager.
Wie geht man als Eltern mit der Krankheit der Kinder um?

Was habe ich als Elternteil falsch gemacht?

Eltern suchen die Schuld am schnellsten bei sich selbst. Schließlich trägt man die Verantwortung für den jungen Patienten und ist die Person, die das Leben des Kindes formt.

Wie kann es sein, dass das eigene Kind so viel Traurigkeit empfindet? Hat man ihm nicht genug Liebe gegeben? Bietet man ihm keine glückliche Umgebung? Hat man übersehen, dass etwas Schlimmes passiert ist? Depressive Kinder rufen bei den Eltern Ratlosigkeit und Zweifel hervor. Scheinbar hat man alles falsch gemacht, wenn Sohn oder Tochter in diesen jungen Jahren bereits eine psychische Krankheit durchlaufen.

Dass Ihr Kind an einer Depression erkrankt, muss nichts mit Ihrer Erziehung zu tun haben, auch ist dies kein Zeugnis dafür, dass Sie falsch gehandelt haben

oder Sie und Ihr Partner schlechte Eltern sind. Zweifeln Sie darum nicht an dem, was Sie bislang getan haben.
Sprechen Sie mit dem Arzt und/oder Therapeuten des Kindes darüber. Dieser wird Ihnen diese Sorge nehmen können. Möglicherweise entdeckt er auch Ansätze, welche die Depression beeinflusst haben können, aber nichts davon bedeutet, dass Sie als Elternteil versagt haben.

Depressionen können bei Jugendlichen übersehen werden

Antriebslosigkeit, Stimmungsschwankungen, Konzentrationsmangel – ganz ehrlich, mit solchen Verhaltensauffälligkeiten rechnen viele Eltern, wenn die Pubertät beim Nachwuchs einsetzt. Und das nicht zu Unrecht. Phasen der Traurig- und Hoffnungslosigkeit sind wahrhaftig ein gewöhnlicher Part der adoleszenten Entwicklung.

Man rechnet damit, dass Teenager sich früher oder später eine Weile lang so verhalten und tut es als jugendliche Bockigkeit ab. Selbst Ärzte können bei Teenagern die Anzeichen einer Depression übersehen. Da viele Eltern auch nicht mehr in den Alltag der Kinder in diesem Alter involviert sind – Schule, Freizeit mit den Freunden - fällt es ihnen schwerer festzustellen, wie oft, lange und generell sich Sohn oder Tochter so verhalten.

Für eine genaue Diagnose ist es wichtig, Lehrer, Freunde und andere Vertrauenspersonen hinzuziehen, wenn der Verdacht auf eine Depression besteht.

Selbstmordgedanken müssen ernstgenommen werden!

Suizidgedanken sind ein absolutes Alarmzeichen. Völlig gleich, wie der junge Betroffene sie ausdrückt oder wem gegenüber er sie erwähnt. Eine Textnachricht mit einem solchen Inhalt an Freunde, ein Satz auf sozialen Medien oder direkte Worte, die ausdrücken, dass das Leben keinen Sinn mehr macht, man nicht mehr am Leben sein möchte, keinen Ausweg sieht etc. – all das ist Anlass, sich sofort an professionelle Hilfe zu wenden.

Tun Sie solche Situationen auf keinen Fall als übermäßig dramatisches Verhalten oder leere Drohung ab. Spricht ein erwachsener Mensch oder gar ein Kind von Suizid, ist der Schreck meistens größer. Manch einer glaubt, bei Jugendlichen bestehe kein sofortiger Handlungsbedarf, weil diese sich in einem Alter befinden, in dem man oft mal Zeug redet, das nicht so gemeint ist – oder dass sie einfach um jeden Preis Aufmerksamkeit erregen wollen.

Achten Sie stets auch auf sich selbst

Gerade als Elternteil muss man für den kleinen Patienten einfach da sein. Freunde, Partner und andere Erwachsene können sich bei einer Depression sehr viel stärker zurückziehen. Kind und Eltern leben zusammen. Die Eltern werden dadurch fast ständig mit den Auswirkungen der Krankheit konfrontiert. Das kann an der eigenen Gesundheit zehren.

Viele Mamas und Papas sind bereit sich vollständig für die Genesung des Sprösslings aufzuopfern – aber trotzdem dürfen Sie sich selbst nicht völlig aus dem Blick verlieren.

Damit Sie Ihrem Kind helfen können, muss es Ihnen selbst gutgehen!

Sie sollten Ihre eigenen Bedürfnisse nicht komplett hintenanstellen oder gar vergessen.

Erzwingen Sie nichts mit Strenge oder Bestechungen

Erwachsene mit Depression haben in der Regel keine Person, die Autorität über sie ausüben kann. Manche Eltern glauben mit Strenge und Disziplin gegen das Verhalten des Kindes ankämpfen zu müssen. Ein schwerer Fehler, denn so wird die Depression und das Gefühl, allein und unverstanden zu sein, nur verstärkt.

Wer es schafft, das Kind mit mahnenden Worten oder gar Befehlen raus an die Luft oder zu Aktivitäten zu treiben, wird davon auf Dauer nichts haben. Der kleine Patient wird stattdessen diese Dinge mit negativen Gefühlen assoziieren.

Bestechungen sind ebenfalls keine gute Idee. Ein Geschenk, Geld, Süßigkeiten oder andere Verlockungen anzubieten, wenn das Kind dafür dies oder jenes tut, hat ebenfalls keinerlei Sinn und kann die Krankheit nicht heilen. Denken Sie bitte immer daran: Es geht nicht darum, einen inneren Schweinehund zu überwinden. Das Kind kann nichts für seinen Schwermut und will Sie damit auch nicht ärgern.

Hören Sie zu

Kinder, auch gesunde, können generell das Gefühl haben, dass Erwachsene ihre Probleme und Ansichten nicht sehr ernst nehmen.
Gerade wenn Ihr Kind an einer Depression leidet, ist es von essenzieller Bedeutung, dass Sie ihm jederzeit ein offenes Ohr bieten. Wenn Ihr kleiner Sohn oder ihre kleine Tochter über ihr Empfinden reden möchten, dann hören Sie zu und zeigen Sie ihm/ihr deutlich, dass er/sie Ihnen alles anvertrauen kann und auf Verständnis stoßen wird.

Versuchen Sie nicht zu argumentieren oder zu widersprechen, ihm/ihr einzureden, dass er/sie die Dinge falsch sieht und falsch fühlt. Andernfalls geben Sie dem Sprössling das Gefühl, er/sie könne sich nicht mehr an Sie wenden, weil seine/ihre Worte missverstanden werden. Schlimmstenfalls zieht sich das Kind dann noch weiter zurück.

Halten Sie an einem geregelten Tagesplan fest

Ein fester Tagesplan kann für erkrankte Kinder sehr hilfreich sein. Geregelte Abläufe können die Heilung unterstützen.

Essenszeiten, Zeit für Hausaufgaben, Freizeitaktivitäten etc. sollten darin festgehalten werden. Am besten erstellen Sie einen solchen Plan zusammen mit Hilfe des Arztes/Therapeuten des Kindes. Dieser kann professionelle Tipps mit einbringen, während Sie den Alltag und die Vorlieben des Kindes am besten kennen.

Nicht alles wird sich während der Depression wie gehabt in den Alltag integrieren lassen. Hat das Kind z.B. nachmittags um drei stets einen Freund zum Spielen besucht und kann in der aktuellen Situation diesem Ereignis keine Freude mehr abgewinnen oder fühlt sich beim Zusammensein mit dem anderen Kind unwohl, dann versuchen Sie dies nicht zu erzwingen.

Demonstrieren Sie Ihre Liebe

Es mag Ihnen manchmal so vorkommen, als lehne das Kind Ihre Gesellschaft ab. Für Eltern sind zurückgezogenes Verhalten und ein Mangel an Zärtlichkeiten oftmals schmerzhaft, vor allem, da sie unbedingt für das Kind da sein und ihm zeigen möchten, dass es nicht alleine ist.
Lassen Sie sich von diesem Verhalten nicht verunsichern. Auch wenn Ihr Nachwuchs es derzeit nicht deutlich zeigt oder zeigen kann, ist die Liebe der Familie gerade jetzt unglaublich wichtig für ihn. Es benötigt Wärme und einfühlsames Entgegenkommen.

Halten Sie sich mit Kritik zurück und konzentrieren Sie sich darauf, nicht-depressive Verhaltensweisen des Kindes stets positiv zu verstärken.

Kleinkinder

Kinder im Vorschulalter können Ihr Empfinden meist noch nicht richtig in Worte fassen.
Während ein älteres Kind rundheraus sagen kann „Ich bin traurig", drücken jüngere eher durch Verhaltensauffälligkeiten Anzeichen einer Depression aus. Sie entwickeln sich langsamer als Gleichaltrige, brauchen z.B. länger um sauber zu werden. Manche demonstrieren eingeschränkte motorische Fähigkeiten sowie einen Mangel an Neugier und Lust auf

Erkundung. Sie spielen wenig, selbst wenn andere Kinder mit dabei sind.

Depressive Kleinkinder wollen oftmals keine Minute allein bleiben sowohl am Tage als auch in der Nacht. Gerade beim Ein- und Durchschlafen haben Sie Probleme. Ihr Gesichtsausdruck wirkt traurig oder sie zeigen generell wenig Emotionen darin.

Schulkinder

In diesem Alter fassen die Kleinen ihre Traurigkeit offen in Worte. Sie erzählen, dass sie sich traurig fühlen, ohne einen bestimmten Grund dafür nennen zu können. Schulkinder können bereits über die eigene Person nachdenken, sich vertieft mit Gefühlen und Gedanken beschäftigen. Mögliche Selbstzweifel und ein geringes Selbstwertefühl können sie also direkt empfinden.

Die meisten kleinen Patienten ziehen sich zurück, wissen in der Freizeit wenig bis gar nichts mit sich anzufangen. Freunde haben sie wenige und verbringen mit diesen kaum Zeit.

In der Schule äußern sich die Symptome durch schwache Konzentrations- und Gedächtnisleistungen sowie geringem Interesse am Unterricht allgemein. Allerdings gibt es auch welche, die durch die

Depression in Form von unruhigem Verhalten und Gezappel auffällig werden. Doch selbst dabei lässt sich feststellen, dass ihnen die Kapriolen im Grunde keine Freude bereiten und sie eher als Maske dienen

Informieren Sie die Schule

Falls den Lehrern des Kindes nicht ohnehin schon Verhaltensänderungen aufgefallen sind, sollten Sie diese in die Krankheit mit einweihen. Sie sollen Ihr Kind nicht missverstehen oder gar für bestimmte Aktionen bzw. Vernachlässigungen bestrafen. Berichten Sie den Lehrern von der Krankheit und machen Sie Ihnen klar, inwiefern sich diese im Unterricht äußern kann, damit der Lehrkörper mit Nachsicht reagiert. Denn wird Ihr Nachwuchs oft dafür gerügt, so zerstört das weiterhin das Selbstvertrauen des Kindes und führt zu Schuldgefühlen.

Strenge und Diskussion bringen nichts

„Warum versuchst du nicht, dich mehr anzustrengen?" „In deinem Alter konnte ich mir so ein Verhalten nicht erlauben, wir hatten es nicht so gut wie du, wir mussten (...)".

Für Eltern ist es wichtig zu erkennen, dass sich das unschöne Verhalten als Teil einer Depression weder mit Worten noch erzieherischen Maßnahmen in den Griff bringen lässt.

Der Nachwuchs ist den Symptomen ausgeliefert und kann sie nicht durch Strenge der Eltern zum Verschwinden bringen. Oftmals verschlimmert dies die Situation nur zusätzlich. Die Jugendlichen ziehen sich aus Angst davor zu enttäuschen, weiter zurück und verlieren zusätzlich an Selbstvertrauen.

Ist eine Depression diagnostiziert, sollten Sie sie, bevor Sie dann doch einmal die Geduld verlieren (was völlig normal ist), aus der Situation entfernen, tief durchatmen und bis zehn zählen. Denn es ist, wie für alle Angehörigen, nachvollziehbar, dass Sie hin und wieder den Punkt erreicht haben, an dem Sie einfach nur verzweifelt sind.

Gerade als Elternteil ist es schwer, sein Kind leiden zu sehen und zugleich die Gefühlswelt nicht verstehen zu können. Kann man ihn/sie denn jetzt nicht einfach mal aus dem Bett und an die frische Luft zwingen oder ihm/ihr befehlen, sich hinzusetzen und zu lernen?

Familientherapien können sehr hilfreich sein

Während bei Jugendlichen und Erwachsenen häufig Einzeltherapien für die Depression stattfinden, werden bei kleinen Patienten oftmals Familientherapien empfohlen.
So können nicht nur alle über ihre Gefühle sprechen, es gibt dem Kind außerdem ein Gefühl des Rückhalts.

Vor allem wenn es noch weitere Kinder in der Familie gibt, ist dies der beste Weg, ihnen die Krankheit des depressiven Geschwisterkindes näher zu bringen. So lernen sie auch, welche Veränderungen zu erwarten sind und wie sie mit Bruder oder Schwester umgehen sollten.

Andere Angehörige: Eltern & Freunde

Eltern

Einerseits fällt es Ihnen vermutlich schnell auf, wenn die Personen, die Sie ihr Leben lang gekannt haben, sich plötzlich stark verändern. Andererseits erwartet man mit deren zunehmenden Alter auch geänderte Verhaltensweisen.

Dass die Eltern mehr grübeln oder ruhiger werden, erscheint an und für sich ja nicht ungewöhnlich. Vor allem älteren Menschen fällt es eher schwer, über ihre Gefühle zu sprechen. Sie haben Angst auf Unverständnis seitens der Jüngeren zu stoßen oder als senil abgestempelt zu werden. Gerade ihre eigenen Kinder wollen Sie nicht damit belasten – irgendwie hat man ja doch immer das Gefühl, als Elternteil stärker sein zu müssen und nicht den Nachwuchs mit seinen Problemen belasten zu dürfen, egal wie alt dieser mittlerweile ist.

Wenn Sie feststellen, dass Ihre Eltern oder ein Elternteil typische Anzeichen einer Depression zeigt, dann gehen Sie nicht einfach davon aus, dass dies ein Verhalten des Älterwerdens ist. Auch wenn man im Alter vielleicht zurückgezogener lebt, sich dauerhaft einsam oder traurig zu fühlen, ist es nicht normal und gehört nicht einfach zum Älterwerden dazu.

Sprechen Sie die Angelegenheit offen an. Bleiben Sie ruhig, geben Sie den Eltern nicht das Gefühl, Sie würden über Ihren Kopf hinweg entscheiden wollen. Ermuntern Sie sie dazu, über ihre Empfindungen zu sprechen, ganz gleich ob sie diese begründen können oder nicht.
Teilen Sie Ihr Wissen über Depressionen und deren Symptome, aus diesem Buch, mit Ihnen. Ermutigen Sie sie dazu, zum Arzt zu gehen und bieten Sie an, sie dorthin zu begleiten.

Freunde

So eng die Freundschaft auch sein mag, Freunde können sich bei einer Depression am leichtesten aus unserem Leben zurückziehen, da wir meistens nicht mit ihnen leben oder wirklich tagtäglich mit ihnen zu tun haben.

Wer nicht weiß, dass die befreundete Person an einer Depression leidet und die Auswirkungen einer solche nicht kennt, entwickelt dadurch vielleicht das Gefühl, die Person sei nicht mehr an der Freundschaft interessiert und zieht sich selbst gekränkt zurück.

Auch hier sind wieder viel Geduld und Verständnis gefragt. Respektieren Sie es, wenn depressive Freunde nicht mehr so unternehmenslustig sind wie früher und nehmen Sie dieses Verhalten nicht persönlich. Geben Sie zu verstehen, dass Sie trotzdem jederzeit für die Person da sind, sollte diese Gespräch suchen und dass Sie zuhören können.

Drängen Sie denjenigen/diejenige nicht, sich wie früher zu verhalten, wenn er/sie dazu gerade einfach nicht in der Lage ist.
Reagieren Sie nicht vorwurfsvoll, wenn er/sie nicht an Geburtstagsfeiern oder anderen Unternehmungen teilnimmt.
Mit Sätzen wie „Aber du bist meine beste Freundin/mein bester Freund, du musst dabei sein" machen Sie es der Person noch schwerer. Ganz sicher wird es aber weder für Sie noch für ihn/sie eine schöne Feier, wenn er/sie sich, trotz Krankheit, dazu zwingt zu erscheinen.

Wenn Sie Vorschläge zu gemeinsamen Aktivitäten machen, ist Sport eine gute Wahl. Körperliche Aktivität kann sich auf den Gemütszustand positiv auswirken.

Schlagen Sie daher zum Beispiel vor, sich einer Sportart anzuschließen, welche die befreundete Person gerne ausführt bzw. bislang gerne ausgeführt hat. Wenn Sie ihn/sie dabei begleiten, fühlt er/sie sich unterstützt.

Wollte die erkrankte Person diese oder jene Aktivität schon einmal ausprobieren, so wäre jetzt ebenfalls ein guter Zeitpunkt, Ihre Unterstützung zu zeigen. Auch hier gilt aber weiterhin: Drängen Sie die depressive Person nicht. Zeigen Sie Interesse und machen Sie Vorschläge, aber versuchen Sie nicht auf Biegen und Brechen, ihn/sie dazu zu bewegen.

Schlusswort

Wie überwältigend die Krankheit Depression sowohl für den Patienten als auch Sie in der Rolle eines Angehörigen sein kann, welche Situationen und Schwierigkeiten zu erwarten sind, wissen Sie jetzt. Aber vor allem wissen Sie, was Sie tun können, um es Ihnen beiden leichter zu machen. Allein, dass Sie depressiven Freunden und Familienmitgliedern mit Verständnis entgegenkommen und diese nicht mit Allgemeinplätzen abwimmeln oder mit Anschuldigungen reagieren, hilft ungemein.

Nehmen Sie sich die Ratschläge dieses Buches zu Herzen und achten Sie auf Ihre eigene Gesundheit. Versuchen Sie nicht alles allein zu bewältigen und verausgaben Sie sich nicht, denn damit tun Sie weder sich selbst noch der an Depression erkrankten Person einen Gefallen.

Wir wünschen Ihnen und Ihren Angehörigen alles Gute auf dem Weg zur Heilung.

Haftungsausschluss

„Die Verwendung der Informationen in diesem Buch und die Umsetzung derselben erfolgt ausdrücklich auf eigenes Risiko. Haftungsansprüche gegen den Autor für Schäden jeglicher Art, die durch die Nutzung der Informationen in diesem Buch bzw. durch die Nutzung fehlerhafter und/oder unvollständiger Informationen verursacht wurden, sind ausgeschlossen. Folglich sind auch Rechts-und Schadenersatzansprüche ausgeschlossen. Der Inhalt dieses Werkes wurde mit größter Sorgfalt erstellt und überprüft. Der Autor übernimmt keine Gewähr und Haftung für die Aktualität, Korrektheit, Vollständigkeit und Qualität der bereitgestellten Informationen. Druckfehler können nicht vollständig ausgeschlossen werden. Weiterhin beruht der Inhalt dieses Werkes auf persönlichen Erfahrungen und Meinungen des Autors. Der Inhalt darf nicht mit medizinischer Hilfe verwechselt werden."

Impressum

© Sofia Diesroth 2019
1. Auflage
Alle Rechte vorbehalten.
Nachdruck, auch auszugsweise, verboten.
Kein Teil dieses Werkes darf ohne schriftliche Genehmigung des Autors in irgendeiner Form reproduziert, vervielfältigt oder verbreitet werden.
Kontakt: Detlef Groeger, Schulstraße 84, 26524 Berumbur
Email: **detgroe@yahoo.de**
Covergestaltung: Hanna Heckmann
Coverfoto: depositphotos

Printed by Amazon Italia Logistica S.r.l.
Torrazza Piemonte (TO), Italy